青少年科学健身

主编 张 强 王 嵛 彭 尧

郑州大学出版社

图书在版编目(CIP)数据

青少年科学健身／张强，王崭，彭尧主编. -- 郑州：郑州大学出版社，2025.5. --（青少年健康科普丛书）.
ISBN 978-7-5773-0432-8

Ⅰ.G883

中国国家版本馆 CIP 数据核字第 2025TF8971 号

青少年科学健身
QINGSHAONIAN KEXUE JIANSHEN

策划编辑	祁小冬	封面设计	苏永生
责任编辑	吴　波	版式设计	王　微
责任校对	李　香	责任监制	朱亚君

出版发行	郑州大学出版社	地　址	河南省郑州市高新技术开发区
经　销	全国新华书店		长椿路 11 号(450001)
发行电话	0371-66966070	网　址	http://www.zzup.cn
印　刷	河南文华印务有限公司		
开　本	710 mm×1 010 mm　1/16		
印　张	4.75	字　数	60 千字
版　次	2025 年 5 月第 1 版	印　次	2025 年 5 月第 1 次印刷
书　号	ISBN 978-7-5773-0432-8	定　价	26.00 元

本书如有印装质量问题，请与本社联系调换。

编委会

主任委员 周 勇 河南省卫生健康委员会
　　　　　　郭万申 河南省疾病预防控制局

副主任委员 刁琳琪 河南省疾病预防控制中心
　　　　　　　郝义彬 河南省人民医院

编　　委 赵圣先 河南省卫生健康委员会
　　　　　　代国涛 河南省卫生健康委员会
　　　　　　朱登军 河南省疾病预防控制中心
　　　　　　刘翠华 河南省疾病预防控制中心
　　　　　　韩志伟 河南省疾病预防控制中心
　　　　　　赵东阳 河南省疾病预防控制中心
　　　　　　夏卫东 河南省疾病预防控制中心
　　　　　　董灏彬 河南省卫生健康委员会

本书作者

主　编　张　强　河南省疾病预防控制中心

王　崙　河南大学体育学院

彭　尧　河南省疾病预防控制中心

副主编　马　蔷　河南大学体育学院

闫　歌　河南省疾病预防控制中心

陈瑞芳　郑州市疾病预防控制中心

编　委　朱俊鹏　河南大学体育学院

赵留鹏　安阳幼儿师范高等专科学校

袁煜闯　郑州市第五十七中学东校区

邓　攀　郑州市创新实验学校

马佳欣　郑州轨道工程职业学院

苏传豪　开封文化旅游学校

张　沛　信阳航空职业学院

田　甜　河南大学体育学院

前言

　　青少年是祖国的花朵和未来，肩负着实现中华民族伟大复兴的历史重任。青少年群体的体质健康问题一直以来是国家和人民持续关注的焦点。健康与科学的健身密切相关，健身是贯彻"健康第一"指导思想、推进素质教育的重要组成部分，是促进青少年改善健康、成长发育、增强体质的有效途径。健身不仅可以"野蛮其体魄"，而且可以"文明其精神"，对于青少年的健康发展有着不可取代的作用。

　　近年来，关于青少年体育的议题逐步深入，党和国家出台了多项相关政策，支持青少年体育健康发展，实现全民健身与全民健康。随着"双减政策"、体育中考实施方案的公布，无论是课内课外，还是校内校外，人们对青少年体育的关注程度都逐步加深，青少年也逐渐意识到健身的重要性，增强了自身体育锻炼意识。

　　为促进青少年群体通过健身增强体质，本书将通过"科学认识健身""青少年该如何健身""适宜青少年的健身项目""青少年健身的安全防护""青少年健身误区"五个章节来陈述，指导青少年科学地进行体育锻炼。希望青少年在读完这本书后能够对科学健身有清晰、全面的认识，为后续科学地进行各项体育锻炼提供理论支撑。

编者

2024 年 7 月

目 录

一　科学认识健身
1. 科学健身概述 …………………………………………… 1
2. 科学健身的好处 ………………………………………… 2

二　青少年该如何健身
1. 健身时间 ………………………………………………… 6
2. 健身地点 ………………………………………………… 8
3. 运动装备 ………………………………………………… 11
4. 健身习惯 ………………………………………………… 16

三　适宜青少年的健身项目
1. 健体项目 ………………………………………………… 19
2. 健脑项目 ………………………………………………… 20
3. 健心项目 ………………………………………………… 24
4. 有氧运动 ………………………………………………… 26
5. 力量运动 ………………………………………………… 29
6. AI 体育游戏 ……………………………………………… 31
7. 户外运动 ………………………………………………… 33
8. 集体项目 ………………………………………………… 36
9. 个人项目 ………………………………………………… 37

四　青少年健身的安全防护

    1. 健身的潜在风险 …………………………… 40

    2. 运动意外的规避 …………………………… 41

    3. 运动损伤的预防 …………………………… 42

    4. 运动损伤的及时处理 ……………………… 45

    5. 运动损伤的康复 …………………………… 46

    6. 运动中的危险信号 ………………………… 49

    7. 自我身体监测 ……………………………… 51

    8. 运动性疾病的预防和处理 ………………… 53

五　青少年健身误区

    1. 健身能够立即见效果 ……………………… 57

    2. 健身会耽误学习 …………………………… 58

    3. 健身多多益善 ……………………………… 60

    4. 运动场上要决一雌雄 ……………………… 60

    5. 模仿体育明星训练 ………………………… 61

    6. 健身需要各种补剂 ………………………… 62

参考文献 ……………………………………………… 65

一　科学认识健身

1. 科学健身概述

健身是指运用各种体育手段,结合自然力和卫生措施,以发展身体、增进健康、增强体质、调节精神和丰富文化生活为目的的身体活动过程。健身是一个人巩固体质、增进健康最积极有效的手段。科学健身指的是有筹划、有目的、有规律的运动,不是一时的心血来潮,要有明确的锻炼目标和具体的实行计划,持之以恒地进行锻炼。

人体是由各器官、系统构成的一个有机整体,进行体育锻炼时,必须采取多种形式和手段,使整个身体得到全面均衡的发展,既要使体形匀称健美,又要增强身体的各项机能,同时还要注意提高心理素质,在体育锻炼过程中保持愉悦的心情。

每个人的身体状况不同,体育锻炼的兴趣爱好以及承受运动负荷的能力也有较大差异,锻炼时应根据自身条件合理选择和确定锻炼内容、方法和运动负荷,量力而行,切不可机械照搬或盲目模仿,运动量和运动强度要以自己能够承受稍有点疲劳为标准。如果健康状况良好并且有锻炼基础,可加大运动负荷,并在严密保护下进行较复杂的运动技能训练。如果身体较弱,应做简单、易于掌握的动作,从易到难,循序渐进;运动负荷也要从小到大,使身体逐步适应。

2. 科学健身的好处

(1)强筋骨

首先,科学健身能够增强青少年的骨密度和骨强度。在青少年时期,骨骼处于生长发育的关键阶段,通过参与体育锻炼,特别是力量训练和有氧运动,能够促进骨骼的生长和发育,增加骨量和骨密度,使骨骼更加坚固,有助于预防骨折等意外伤害,更能为青少年打下坚实的身体基础,为未来的健康生活提供保障。其次,科学健身能够增强青少年的肌肉力量和耐力。力量训练、有氧运动等锻炼方式,可以促进肌肉的生长和发育,不仅能够使青少年拥有更加健美的身材,而且能够增强身体素质和抵抗力,预防运动损伤和其他疾病的发生。

一 科学认识健身

(2)美体形、调体态

人的运动器官具有较大可塑性,经过长时间、重复性的机械用力,骨骼、关节、肌肉和韧带可以发生一定程度的适应性形变。体育锻炼对肌肉的塑造效果尤其明显,哪怕到了老年,肌肉都可能发生组织内部乃至外部形状的变化。青少年可以针对不同部位进行适宜的体育锻炼,进而改善身体各部分比例,使身形看起来更协调,也更符合身材比例标准。不过,青少年大可不必对自己尚不够完善的体形忧心忡忡,因为人的体形是否完美并不是评价个人价值与形象的直接标准,比体形更重要的是优雅的气质与谦逊的谈吐等。科学健身还能够改善青少年的身体柔韧性和协调性。伸展性运动能够拉伸肌肉和韧带,增加关节的灵活性和活动范围,减少因长期不正确坐姿等引起的僵硬和不适。经过科学健身,青少年可以学会正确发力,人体的姿势、动作也会有很大程度的改变。端正优雅的姿势、敏捷协调的动作不仅可以展示出自身的美,而且可以弥补人体体形上的某些缺陷。

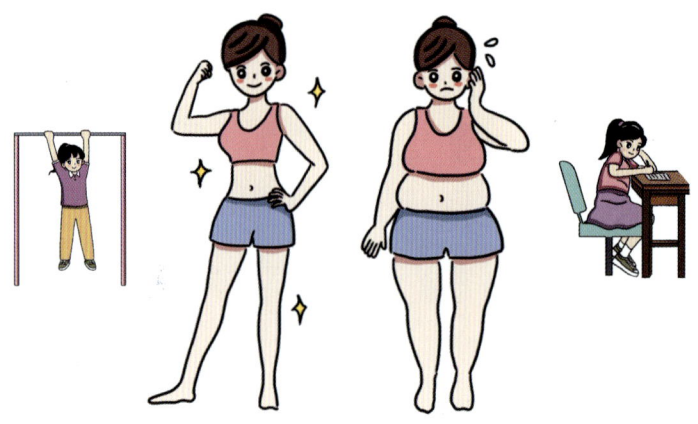

(3)开智慧

健康的体魄是学习的前提,体育运动按照自己独特的方式在学习与模仿的过程中开发人的智力。科学健身能够促进血液循环和心肺功能,为大脑提供更多的氧气和营养物质,这有助于大脑细胞的正常运作和新陈代谢,进而提升大脑的认知能力。科学健身能刺激大脑产生新的神经元和血管,加强不同区域之间的连接,从而提高学习能力和记忆力。科学健身还能够提升青少年的注意力水平,使青少年更加专注于当前的任务,提高学习效率。

（4）亮心灵

体育运动不单是身体的锻炼，更是心灵的锤炼。体育锻炼能够促进身体内多巴胺和内啡肽等"快乐激素"分泌，这些物质有助于减轻抑郁和焦虑等负面情绪。在竞技性体育活动中，青少年能够学会接受失败和挫折，养成积极向上的心态和直面困难的品质，提高应对逆境的能力和抵抗挫折的能力。青少年还能通过体育锻炼转移注意力，从紧张的学习或生活中暂时解脱出来，减轻心理压力，调节紧张的情绪。长期科学的健身有利于青少年形成良好的世界观、人生观和价值观，同时能够帮助青少年树立人生目标，形成健康、积极进取的人格。

二 青少年该如何健身

1. 健身时间

健身带来的健康收益取决于运动的强度、频率、持续时间以及个人的身体状况。每个人的生活习惯、生物钟和身体状况都不同,选择适合自己的运动时间、运动项目、运动负荷是很重要的。

(1)早晨

对于很多人来说,早晨是一个理想的锻炼时间。早晨运动可以帮助提高新陈代谢,增加身体活力,有助于清醒头脑,提高注意力和专注力。如果你喜欢户外运动,那么早晨的清新空气和美丽景色可能会让你更愿意出门运动。

 小贴士

如果你早上空腹运动,要避免因过度运动引发低血糖。

二 青少年该如何健身

(2)下午或傍晚

下午或傍晚是大多数人学习后的时间段,此时身体经过了一天的活动,肌肉和关节得到了充分的预热,身体的温度和灵活性相对较高,适合进行高强度的运动,如重量训练或高强度间歇训练。在这个时间段进行锻炼,可以提高运动效率,减少受伤的风险。此外,下午或傍晚运动还可以帮助释放一天的压力,放松身心,为晚上的休息做好准备。

(3)晚上

对于一些人来说,晚上运动可能更适合他们的日程安排。晚上运动可以帮助消耗更多的热量,促进睡眠。但晚上运动时间不宜超过21:00,21:00以后要避免大强度运动。

 小贴士

> 如果你晚上运动后难以入睡或睡眠质量下降,那么可能需要调整运动时间或强度。

每个人的最佳运动时间可能因个体差异而有所不同。因此,建议青少年根据自己的生物钟、学习安排和个人喜好来选择适合自己的运动时间,制订一个全面、科学的运动计划,持续、规律地运动。无论选择哪个时间段进行运动,运动前都要进行适当的热身和拉伸,运动后进行适当的放松和休息,以避免运动损伤,提高运动效果。同时,在运动过程中关注自己的身体状况,及时调整运动计划,以确保运动的安全和有效。如果有任何健康疑虑或问题,最好在开始新的运动计划前咨询医生或专业的健身教练。

吃得特别饱以后,不要立即进行运动,否则会影响食物的消化和吸收,还可能引起胃部不适,如胃痛、胃胀等。一般来说,轻度运动可以在饭后半小时或一小时后进行,而高强度运动则建议在饭后两小时或更长时间后进行。

2.健身地点

良好的运动环境会激发运动者锻炼的欲望。想象一下,一个空气清新、满眼绿意的地方,是不是让你立马有了想动起来的冲动?理想的健身场所要具备以下特点:空气清新、环境优美、设施完备,不影响交通和他人。

你可以根据自己的喜好和实际情况选择适合自己的健身地点。以下是一些推荐的健身地点,这些地点通常能提供较好的运动环境,有助于提升运动的效果。

(1)公园或绿地

公园或绿地是青少年进行户外运动的好去处,绿树环绕,空气优质,青少年可以进行跑步、球类运动、攀爬等。这种自然环境不仅有助于保护视力、增强体质,而且能让青少年在运动中放松心情、缓解压力。

二 青少年该如何健身

(2)操场或运动场

学校操场或社区运动场通常拥有完备的运动设施,是进行各种户外运动的专业场所,特别适合青少年进行足球、篮球、羽毛球、网球等运动。在这里,青少年可以充分锻炼身体,同时培养竞技精神和团队合作精神。

(3)室内运动馆

在天气不佳或季节变化时,室内运动馆是青少年进行运动锻炼的理想选择。游泳、篮球、羽毛球、乒乓球等,总有一项适合你。不管室外是刮风下雨还是大雪纷飞,你都能在这里尽情挥洒汗水!

(4)健身房

对于那些想要得到专业指导的青少年,健身房是一个很好的选择。在这里,他们可以在专业教练的指导下进行力量训练、有氧运动等,有助于提高身体素质,增强肌肉和骨骼力量。

(5)青少年活动中心

这类场所通常会提供多种运动场地和专业课程,如跆拳道、武术、舞蹈等。运动方式多样,青少年可以根据自己的兴趣和爱好进行选择。

(6)家中

家中适合进行简单的有氧运动或力量训练,如跳绳、做俯卧撑或仰卧起坐等。在家中运动不需要额外的交通时间和费用,非常方便。

 小贴士

无论选择哪种运动场地,都要确保场地没有明显的安全隐患,以避免意外受伤。

3. 运动装备

合适的运动装备既能使你感觉舒适轻便，又能起到保护身体的作用。不合适的运动装备也是造成运动损伤的原因之一，如穿过于宽松的衣裤不便于跑动，容易摔倒或受伤；穿不合脚的鞋子容易造成脚的磨损。

(1) 运动鞋

挑选一双既酷炫又舒适的运动鞋，就像是为双脚选择一位"超级保镖"，让它们在每一次的奔跑、跳跃中都能得到完美的保护。那么，如何才能找到这位"保镖"呢？

不同的运动类型需要不同的鞋型来提供最佳的支撑和保护。比如，跑鞋通常具有柔软的鞋底和贴合脚型的鞋身，能够为你的双脚提供缓冲和支撑，减少跑步时对脚部的冲击。而篮球鞋则更注重稳定性和抓地力，高帮设计和耐磨的鞋底能够让你在球场上尽情驰骋，无所畏惧。专业羽毛球鞋摩擦力大，防滑效果好，能帮助你在场上随时急停，尽情展示你的球技。

 小贴士

> 跑鞋的寿命是由跑步的距离决定的，一双跑鞋可以坚持500~1000千米，如果1周跑步3次，每次5千米的话，差不多是一年换一双鞋。

鞋子的材质也是选择时非常重要的一项。想象一下，在炎热的夏季，如果你的鞋子不透气，那你的双脚岂不是要处在"蒸笼"中了？因此,选择一双透气性好、柔软舒适的鞋子至关重要。优质的合成皮革或网眼布材质能够让你的双脚保持干爽,远离汗水和异味。同时,鞋底的材质也不容忽视,耐磨、防滑的橡胶材质能够提供更好的抓地力,确保你在运动时的安全。

在选择运动鞋时,不妨多了解一下它们的功能特点。例如,一些运动鞋具有减震功能,能够通过鞋底的设计和材料来吸收冲击力,减少运动时对脚部的冲击。

选择合适的尺码是确保鞋子舒适度的关键。试穿时,要注意鞋子的贴合度和舒适度,既要避免鞋子过大导致脱落,也要避免鞋子过小造成挤压。

 小贴士

买鞋子的时候最好下午去,人到了下午脚会有点水肿,在脚最大的时候买鞋不易出现运动时磨脚、夹脚的情况。

二 青少年该如何健身

（2）功能性运动服

运动服的选择对运动也是至关重要的。

舒适性：舒适性是选择运动服的首要条件。应选择透气性好、吸湿性强、柔软舒适、具有快干和排汗功能的面料，这样可以保证运动时身体不会因为汗水的浸湿而感到不适。青少年运动时应尽量避免穿着纯棉的运动服，因为纯棉的运动服在运动时会吸收汗水并保持湿润，这可能会降低运动舒适度，甚至引发感冒。另外，要根据气候变化选择不同的运动装，冬装注意保暖，夏装注意散热。

弹性：运动服需要具有一定的弹性，特别是需要大幅度运动的青少年，运动服的弹性可以保证在运动中的自由度和舒适度。建议男生女生都穿包裹性好的运动裤，它可以提前收紧肌肉，给肌肉一个要运动的预警，防止在运动的过程中突然拉伤肌肉。

安全性：运动服的安全性也很重要。应选择符合安全标准的运动服，避免选择带有尖锐或粗糙边缘的款式，以免在运动中造成伤害。

最后，青少年在选择运动服时，也可以咨询专业的运动教练，以获取更具体的建议和指导。

（3）运动手环

运动手环的功能相当丰富，它不仅仅是一个简单的计步工具，更是一个全方位的健康助手。手环内置的高精度传感器能够实时追踪并记录用户的步数，帮助青少年了解自己的日常活动量；手环还能监测心率，让青少年在运动过程中随时掌握自己的心脏状况，确保运动负荷在可控范围内；一些手环还具备睡眠追踪功能，能够详细记录用户的睡眠时长和质量，为青少年提供改善睡眠的建议。

手环最重要的功能是在运动过程中监测心率，青少年要确保运动过程中自己的负荷脉搏不会过大，从而确保运动的安全性和有效性。那么，什么是负荷脉搏呢？简单来说，负荷脉搏就是青少年在运动时的合理心率范围。这个范围应是最大心率（maximal heart rate，MHR，MHR=220-年龄）的60%~80%。以青青为例，她今年15岁，那么她的MHR=220-15=205次/分，负荷脉搏在205次/分×60%~205次/分×80%。也就是说，当青青进行运动时，她的心率应该控制在123~164次/分，这样既能保证运动效果，又不会给身体带来过大的负担。

当然，不同的运动类型对心率的要求也不同。以慢跑为例，在慢跑过程中，青青的心率应该控制在123~164次/分，这样才能确保运动是有氧的，能够有效提高心肺功能。如果心率过快，超出了这个范围，那么运动就变成了无氧运动，不仅无法达到预期的运动效果，而且可能对身体造成损害。

二 青少年该如何健身

(4)运动类 APP

运动类 APP 如今已经成为众多青少年运动时的得力助手和贴心伙伴。在运动之前,我们可以打开这些 APP,跟随其内置的热身运动教程,逐一完成准备活动,确保身体各部位得到充分的拉伸与预热,避免运动伤害。而在运动结束后,这些 APP 同样会提供一套科学的拉伸动作,帮助我们舒缓肌肉,促进恢复,让运动效果更加显著。

运动类 APP 提供了大量的官方跟练视频。当我们不知道该如何安排自己的运动时,可以根据自己的身体状况和运动目标,选择适合自己的跟练内容。不过,在跟练的过程中,一定要注意采用正确的动作和发力方式,以免因为错误的姿势而造成不必要的伤害。

运动类 APP 的功能远不止于此。除了常规的运动项目跟练视频外,它们还能够根据我们的需求,设定个性化的目标。无论是想要挑战自己的极限,还是希望保持日常的运动习惯,这些 APP 都能满足我们的需求。它们能够精准地定位我们的运动轨迹,计算运动速度,并记录下每次跑步的距离和速度。如果配合运动手环使用,还能记录更多关于身体的数据,如心率、步数等,让我们对自己的运动状态有更加全面的了解。

通过长期的运动记录,我们可以在运动类 APP 中清晰地看到身体的各项变化。无论是体重的减轻,还是心肺功能的提升,每一次的进步都会让我们感到满满的成就感,从而更加坚定地坚持运动。

运动类 APP 为我们的运动提供了便利,增加了趣味,也让我们在运动中感受到了成长的喜悦和坚持的力量。

4. 健身习惯

科学的健身习惯1：运动方式多样

　　单调的运动方式很容易让人身心疲惫，从而降低运动效果。因此，青少年可以将不同类型的运动融入日常习惯中。有氧运动如跑步、游泳，可以提高心肺功能，增强耐力；力量训练如杠铃、俯卧撑，可以塑造肌肉，提高基础代谢率；而柔韧性练习如瑜伽、拉伸，则有助于放松肌肉，提高身体的灵活性。多样化的运动组合，能够全面促进身体健康，为身体注入源源不断的活力。

科学的健身习惯2：运动时间和强度适度

"过犹不及"同样适用于运动。过度运动不仅可能导致身体疲劳、受伤，而且可能引发过度训练综合征，影响日常生活和学习。因此，我们需要根据自己的体质和健康状况，合理安排运动时间和强度，在挑战自我和保护身体之间找到最佳平衡。

科学的健身习惯3：坚持规律的运动

无论是忙碌的周一到周五还是悠闲的周末，青少年都应该保持一定的运动频率。定期、有计划的运动有助于身体更好地适应，形成条件反射，提高运动效果。规律的运动习惯有助于培养青少年持之以恒的精神，让运动成为生活中的一部分。

科学的健身习惯4：注重休息与恢复

休息是运动的延伸，恢复是提升运动表现的基础。运动后的充分休息和恢复有助于身体修复肌肉、储存能量，为下一次运动做好准备。

此外，合理安排休息时间还有助于缓解身体疲劳，保持心情愉悦。因此，青少年要建立科学的运动习惯，不能忽视休息与恢复。

掌握科学的运动习惯，我们可以更好地促进身体健康，提高生活质量，并享受运动带来的乐趣。

适量的运动可以促进骨骼的发育，而过量的运动会影响骨骼的正常发育。

三 适宜青少年的健身项目

1. 健体项目

对于青少年来说,健康跑不仅是一种锻炼身体的好方法,而且是一种释放活力、享受快乐的方式。

健康跑不仅可以锻炼心肺功能,提升身体的耐力,而且可以锻炼下肢肌肉,对骨骼也有适当的冲击,有助于促进骨骼的生长和发育。健康跑更是青少年的"毅力磨练场",在跑步的过程中,青少年需要克服身体的疲劳和惰性,不断挑战自己的极限。这种经历不仅能够锻炼意志力,而且能让青少年学会如何在面对困难时保持冷静和坚持。

健康跑的三步骤:

● 健康跑前:应适量进食淀粉类食品,使能量供应充足。进行充分的准备活动,待身体暖和后再进行健康跑。

● 健康跑中:注意放慢跑速,走跑交替,延长跑程,使人体主动地消耗血糖,同时消耗体内蓄积的多余热量。

●健康跑后：进行适当的整理运动，减轻肌肉酸痛。先休息20～30分钟，再饮用淡盐水或温开水，适量增加碳水化合物、维生素B、维生素C等的摄入量。跑步大量出汗后，体内电解质会失衡，机体的调节能力也随之降低。此时如果单纯补充水分，并不能达到补水的目的，甚至会导致体温升高、小腿肌肉痉挛等"水中毒"症状的发生。健康跑后可以补充电解质饮料（又称矿物质饮料）。它能够促进人体新陈代谢，在补充体内水分的同时满足身体对矿物质的需要。

青少年们，快来加入健康跑的行列吧！让我们一起在运动的道路上尽情奔跑、挥洒汗水，感受生命的美好与力量！

2.健脑项目

运动能使血液循环更加通畅，向大脑提供更充足的氧气和营养物质，使大脑活动更自如，思维更敏捷。常见的运动项目中健脑效果突出的有健步走、骑自行车、球类运动、游泳等。

（1）健步走

健步走作为一项有效的心肺练习，与普通的行走相比，心率至少提高13%，大脑获氧量至少增加5%。我们可以手脚并用，促进脑细胞新生。健步走的动作要领：身体直立、曲臂摆动、中轴扭转、合理步幅（身高×0.45）。热身心率达到最大安全心率的60%～70%即可，匀速走一般维持在每分钟110次，快速走维持在每分钟130次，心率达到最大安全心率的80%。普通步行也可以！每周3次普通步行，每次30分钟以上，大脑的学习能力、注意力和抽象推理能力可提高15%。

(2)骑自行车

骑自行车也是一种可以健脑的运动方式。骑自行车需要平衡和协调能力。这种平衡和协调的训练能够锻炼大脑的运动控制能力和空间感知能力,增强大脑的功能和灵活性。此外,骑自行车还是一种低强度的有氧运动,能够缓解压力和焦虑,愉悦心情。大脑在放松和愉悦的状态下更容易产生创造力和灵感,这对于大脑的认知和创造力发展非常有益。

骑自行车对身体的冲击力较小,对膝盖也非常友好。正确骑行的姿势和技巧:坐在自行车座位上时,确保脊椎是挺直的,不要弯曲或猫背,这有助于分散身体重量,减少背部疼痛;保持上半身放松,避免肩膀和手臂紧张,松弛的肩膀有助于更好地控制自行车,并减少手部和肩部的不适;眼睛注视前方,不要低头看自行车前轮,有助于提前发现障碍

物并作出反应;将脚平行放在踏板上,有助于提供更均匀的踩踏力量,减轻膝盖的压力;保持适度的踏频(80~100次/分),也可以根据骑行情况进行调整。当需要更多力量时,将体重向前转移到踏板上;当需要减速或爬坡时,将体重向后转移到座位上,以提供更好的平衡和控制。

小贴士

青少年在骑车的过程中,一定要注意安全,尽量挑选人少车少的地方。12周岁以下的青少年不能骑车上路哦!

(3)球类运动

球类运动也具有很好的健脑功能。球类运动要求大脑快速作出判断和决策,这能够锻炼大脑的反应能力和思维速度。在比赛中,每一次传球、射门或接球都需要大脑迅速分析场上的形势,并作出最佳的决策。这种锻炼能够使大脑的神经元连接更加紧密,提升大脑的灵活性和创造力。球类运动还是一种全身性的运动方式,能够锻炼身体的协调性、灵活性和耐力。这种锻炼不仅能够提升身体的健康水平,而且能够为大脑提供更加充足的氧气和营养物质,促进大脑的健康和功能提升。

青少年进行球类运动的强度、频率和负荷应根据个体的体能和健康状况而定。通常建议每周进行3~5次的训练,每次持续1~2小时。强度应适中,以提高心肺健康和运动能力为主,避免过度负荷和过于频繁的训练,以免影响生长发育和健康。

三 适宜青少年的健身项目

(4) 游泳

游泳对脑细胞发育有积极影响。水对外周血管的按摩和刺激能够提高神经系统对外界的反应能力，促进大脑的开发和使用。青少年游泳时要采用正确的呼吸技巧，保持呼吸顺畅。手臂和腿部动作要协调一致，保持正确的游泳姿势。游泳的频率、强度和负荷因人而异，但一般建议每周进行 3~5 次游泳训练，每次持续 30 分钟~1 小时。强度可以根据个人水平逐渐增加，从轻松游泳到高强度训练。可以采用不同的泳姿和技巧，以提高全身肌肉的耐力和力量，还要注重休息和恢复，避免过度训练。不同年龄段的青少年需要根据自身体能和目标来调整游泳训练计划。

3. 健心项目

在快节奏的现代社会中,青少年面临着越来越多的压力,这些压力可能来自学业、家庭、社交等多个方面。幸运的是,运动可以作为青少年减轻压力、塑造自信、增强社交能力的有效工具。

在众多的运动项目中,有一些项目在促进青少年心理健康方面表现尤为突出。这些项目不仅能够帮助青少年锻炼身体,提高体能,而且能在心理层面为他们带来积极的改变。

团体运动,如足球、篮球等,是青少年促进心理健康的"良药"。在团队中,青少年需要学会与队友沟通、协作,共同面对挑战。这些经历不仅能够培养青少年的团队合作精神,而且能提升他们的社交能力。在激烈的比赛中,青少年可以学会如何面对失败和挫折,从而增强心理韧性。

舞蹈和健身操等运动对于青少年的心理健康也有显著的益处。通过舞蹈的优雅姿态和音乐的熏陶,青少年可以在有节奏的律动中释放内心的压力,感受快乐与自由。

三　适宜青少年的健身项目

户外探险和徒步等运动也是促进青少年心理健康的有效途径。在大自然的怀抱中,青少年可以尽情挑战自我、超越极限,从而培养冒险精神和自信心。这些运动不仅能够让青少年感受到大自然的魅力,而且能帮助他们建立积极的生活态度,增强心理素质。

 小贴士

> 户外探险和徒步等运动要确保安全,建议青少年在家长的陪同下进行。

自我防御类运动,如武术或跆拳道,不仅讲究技术和技巧,而且重视培养青少年的自律、自信和安全感。通过不断的练习和挑战,青少年可以逐渐建立起自信,从而在日常生活中更加从容地面对各种挑战。同时,武术或跆拳道也强调尊重和道德,这有助于青少年形成良好的道德品质和人格特质。

瑜伽、正念冥想等舒缓的运动则能够帮助青少年平静心灵,提升专注力,保持情绪稳定,从而更好地应对生活中的挑战。

4.有氧运动

有氧运动就是人在运动过程中氧气供给充足,摄氧量和耗氧量在体内达到平衡状态的运动模式。有氧运动能够有效抑制脂肪在体内的合成。运动强度较低、持续时间较长和有一定节奏性是其运动特点,如慢跑、骑自行车、游泳、跳绳等运动项目均属于有氧运动。

在有氧运动中,我们的呼吸会变得更快更深,这能最大限度地增加血液中的氧气量;心脏会跳得更快,让流向肌肉和肺部的血液量增大;小血管(毛细血管)会扩张,能向肌肉输送更多的氧气,并带走二氧化碳和代谢废物;身体甚至会释放内啡肽,这是一种促进幸福感的天然"止痛药"。有氧运动还能提高身体免疫力、燃脂效率、抗疲劳能力。无论年龄、体重或运动能力如何,有氧运动对运动者都有好处。随着身体逐步适应定期的有氧运动,身体会变得更强壮、更健康。

下面我们就一起了解几种适宜青少年的有氧运动,让你的运动方式更加丰富有趣。

(1)慢跑

慢跑可以充分促进人体内血液循环,提高身体热量消耗,达到减肥的效果。这项运动是我们平时做得最多的运动。青少年进行慢跑时,需要注意以下姿势和要点:保持头部自然挺直,目视前方,肩部放松;挥动手臂自然,与跑步步伐同步,肘部弯曲约90°;手部轻松握拳,但不要紧握,手掌略微朝内;上半身自然倾斜向前,但不过度俯身;腿部的步幅和频率要适中,避免跨大步;脚部着地要轻柔,脚掌完全着地,避免脚跟着地。保持深而均匀的呼吸,不要屏住呼吸。定期检查姿势,确保正确

三　适宜青少年的健身项目

的跑步姿势。慢跑前要进行适当的热身和拉伸运动,避免受伤。逐渐增加跑步的距离和强度,避免过度负荷。保持正确的慢跑姿势,可以减少受伤风险,同时提高跑步效果和享受跑步的乐趣。

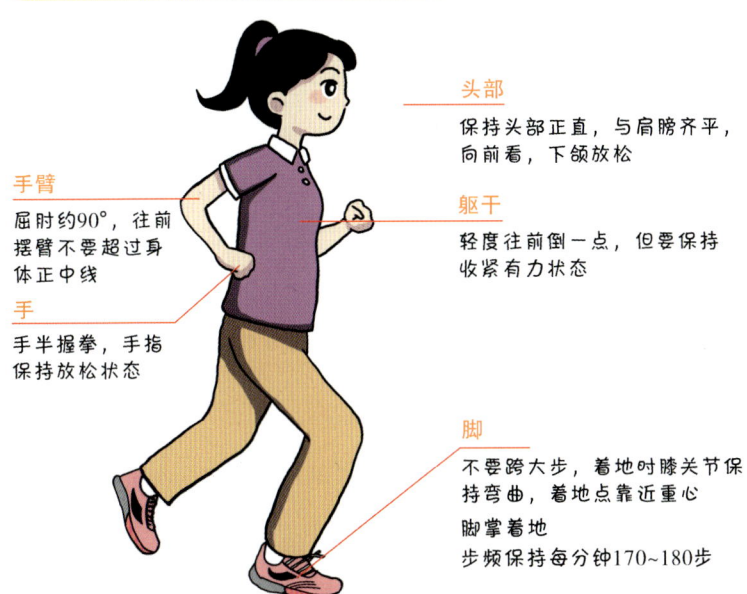

正确跑姿的基本要素
正确跑姿是提高跑步效率和减少损伤的关键

头部
保持头部正直,与肩膀齐平,向前看,下颌放松

躯干
轻度往前倒一点,但要保持收紧有力状态

手臂
屈肘约90°,往前摆臂不要超过身体正中线

手
手半握拳,手指保持放松状态

脚
不要跨大步,着地时膝关节保持弯曲,着地点靠近重心
脚掌着地
步频保持每分钟170~180步

 小贴士

当你在跑步机上跑步时,可以使坡道有一定倾斜,这样对你的膝盖损伤更小,而且可以大幅度提高有氧运动效率。

(2)游泳

在游泳爱好者眼里,游泳简直是最完美的运动方式。在游泳的过程中,你几乎可以调动身体的每一块肌肉,你的身体既得到了有氧锻炼,也得到了充分的拉伸。如果你还不会游泳,建议你去正规游泳馆跟着有资质的教练学一学,从而提高游泳技能、耐力和水上安全意识,在游泳过程中享受乐趣。

1.选择正规、安全的游泳场所

2.做好准备活动,下水前应先热身,但不宜太剧烈

3.未成年人必须在成人的陪同下游泳

4.不要贸然跳水,不要在水下憋气

青少年游泳全攻略:

入水准备——确保游泳装备齐全,如泳衣、泳帽和护目镜。

热身——下水前做好热身,入水后快速游泳一两圈,以防受伤。

呼吸练习——练习正确的呼吸技巧,例如自由泳时侧面吸气、面朝水面呼气。

泳姿练习——正确练习各种泳姿,如自由泳、蛙泳、仰泳、蝶泳,以增强技能。

技巧训练——进行不同的技巧训练,如翻滚、转身、转弯和反转。

间歇练习——进行间歇性的高强度游泳,以提高耐力。

冷却——结束时进行冷却游泳,逐渐降低心率和呼吸频率。

拉伸——游泳后进行全身拉伸,以减轻肌肉紧张。

安全意识——始终保持水上安全意识,遵循游泳规则,注意泳池或水域的安全标志。

5. 力量运动

力量是速度、耐力、柔韧性等身体能力要素的基础,力量训练包括克服身体自重、利用器械和克服弹性物体阻力的训练,都是提高肌肉力量和肌肉耐力的有效方法。力量训练可以增强骨质结构,降低关节损伤及骨折的概率,以更好地满足日后身体发展的需要。适合青少年的力量训练主要有以下几种:

(1) 速度训练

速度训练是通过短跑、上坡跑、牵引跑、沙地跑等形式发展下肢爆发力。速度的提升不是一蹴而就的,需要慢慢磨练。

青少年进行速度训练时,具体的跑步距离、时长和组数应根据年龄、体能水平和目标而定。最好是在专业教练的指导下,学习正确的跑步姿势,制订合理的训练计划。刚开始训练的时候,先从轻松的负荷开始,然后逐渐提升速度,给自己的身体一点适应的时间。训练前要进行热身活动,让身体热起来。

一般来说,初学者可以先从50米到100米开始尝试,然后逐渐增加距离。每周可以进行1~3次速度训练,具体次数要看你的准备情况和训练计划。每次训练可以包括3~5组,每组之间要充分休息,确保身体得到恢复。初学者可以先从3组开始,然后逐渐增加组数。训练结束后,记得放松身体,让肌肉"喘口气儿"。身体需要时间来恢复和修复，所以一定要给自己足够的休息时间，同时注意饮食和睡眠，让身体充满能量！

（2）弹跳练习

弹跳练习是青少年进行力量训练的绝佳练习手段，包括各种形式的单脚跳、双脚跳和跳越障碍等练习，以提高全身肌肉的协调性和弹跳能力。这里要注意弹跳动作的正确性，较长距离或较多跳次的练习应在草地或体操垫上进行。

弹跳练习应保持适当的强度，避免过于激烈的冲击。初学者应从较低的强度开始，逐渐增加弹跳高度和冲击力。弹跳练习的频率可以根据个人体能水平和目标而定，但一般建议每周进行2～3次。弹跳后，确保充分休息和进行适当的恢复，以减少肌肉疲劳和降低关节损伤风险。

（3）投重物练习

投掷垒球、实心球、小重量铅球等各种重物是发展青少年爆发力的有效方法。在进行练习时要确保有专业教练的指导，教导正确的技巧和安全操作。初学者应选用适合体型和技能水平的投掷器材，从较轻的重量开始，逐渐增加，以避免过度负荷和受伤。在安全且开阔的场地进行练习，远离人

群和危险物品。进行适当的热身和冷却运动,以降低肌肉拉伤的风险。

(4) 克服身体自重的练习

如俯卧撑、仰卧起坐、引体向上、悬垂举腿、腹背起等,是青少年发展力量很好的手段。建议青少年每周进行 2~3 次克服自身体重的练习,每次 30 分钟至 1 小时。强度应适中,逐渐增加,避免过度负荷。始终在专业指导下进行练习,确保安全和健康。

(5) 综合力量练习器

使用综合力量练习器比较安全,脊柱的负荷不大,可以锻炼局部肌肉,尤其是腿部和腰腹力量,但需谨慎进行,最好在专业人士指导下进行。力量练习器的强度可以根据个体的体能水平逐渐增加。刚开始时使用合适的负荷,以确保练习对肌肉有挑战性但不会造成过多的压力,后期可逐渐增加负荷。练习频率通常为每周 2~3 次,每次练习 8~12 个重复动作,进行 2~3 组,避免连续的高强度训练。

6. AI 体育游戏

AI 体育游戏结合了人工智能技术和体育元素,而且在家就能进行,不用外出,不受天气干扰,安全系数高,在完成作业或休息的间隙,为青少年提供了一种新颖、有趣的运动方式。

AI 体育游戏通常具有逼真的图形和动画效果,游戏体验和真实的运动很接近,比较生动、真实,具有很强的互动性和参与性。比如在 AI

篮球游戏中,玩家只需挥动双手做投篮动作;在 AI 跑步游戏中,玩家感受与自身动作同步的情景,就像是真的在户外运动一样,在不知不觉中就锻炼了身体,不会像传统的室内运动那样枯燥无味。

AI 体育游戏还能够提供个性化的挑战和反馈。游戏可以根据青少年的技能水平,提供不同难度的挑战,让他们在游戏中不断挑战自我、提升技能。同时,游戏还能够通过摄像头分析用户的动作,提供实时反馈和建议,帮助青少年改进自己的运动技巧和策略。AI 体育游戏还具有社交功能,让青少年可以与朋友、同学一起进行游戏。他们可以组队进行比赛,或者互相竞技,增加了游戏的趣味性和竞争性。这种社交互动不仅能够增强青少年的团队合作能力和竞争意识,而且能够促进彼此之间的交流和友谊。

 小贴士

　　过度沉迷游戏可能会影响青少年的身心健康,因此应合理安排学习和娱乐。

7. 户外运动

现代青少年的生活方式变得越来越静态,长时间使用电子屏幕和缺乏足够的户外运动对他们的身心健康产生了不良影响。因此,有组织的户外运动对于青少年的成长和发展至关重要。户外运动不仅能提高身体素质,而且能享受大自然,放松心情,培养团队合作精神和社交能力。

(1)攀爬运动

攀爬运动需要调动全身的各个部分协调运作,可以促进身体的协调性,使反应更敏捷。同时,高度的变化可以给视觉带来新的感觉和体验,能够培养青少年的空间概念,使他们学会从新的角度去观察环境。青少年进行攀爬运动时需要特别注意以下事项:

● 使用合适的攀爬装备,包括头盔、攀爬鞋、安全带等,检查装备的状况,确保没有磨损或损坏。

● 初学者应在有经验的攀爬教练或监护人的指导下进行攀爬,了解正确的攀爬技巧和安全程序。

●攀爬前,进行适当的身体预热和肌肉拉伸,以降低受伤的风险。

●在攀爬之前检查攀爬区域,确保没有松动的岩石、杂物或其他危险物品。

●攀爬时要保持高度的注意力和集中力,避免分心或冒险行为。

●攀爬过程中保持水分摄取,以防脱水。

●在攀爬前后吃健康的食物,确保能量充足。

●避免在恶劣的天气条件(如大雨、冰雪或强风)下做户外攀爬。

●在攀爬前确保有应急方案,包括联系方式和急救设备。

●了解自己的能力和限制,不要过于冒险或进行超出自己技能水平的攀爬。

●遵守攀爬场地的规则,尊重其他攀爬者的权利等。

(2)徒步旅行

徒步旅行是一种全身运动,可以锻炼青少年的腿部、腰部和背部的肌肉,增强心肺功能,并促进新陈代谢。长时间行走对耐力和意志力的挑战,也能帮助青少年培养坚韧不拔的品质。

注意事项:

●事先规划好路线,了解目的地的地形、气候和可能遇到的危险。

●穿着合适的徒步鞋和服装,携带必要的装备、足够的水和食物。

●遵循专业教练或向导的指导,不要自行离开既定路线。

●告知他人你的行程安排,并随身携带应急联系方式。

●注意天气变化,避免在恶劣天气下徒步。

●遵循"走硬不走软"的原则,尽量选择硬地行走,避免陷入沼泽或松软地面。

(3)滑板运动

滑板是青少年中非常流行的运动。通过滑板运动,青少年可以结识更多志同道合的朋友,拓展社交圈子。滑板运动需要青少年敢于尝试和挑战,发挥自己的创造力和想象力,不断尝试新的动作和风格,成功完成一个动作会让你获得极大的成就感,从而增强自信心。

注意事项:

● 佩戴头盔、护膝和护肘等保护装备。

● 在宽敞、无车辆干扰的场地进行滑板运动。

● 学习正确的滑板技巧和姿势,避免过度冒险或尝试高难度动作。

● 注意观察周围环境,避免与其他人或障碍物发生碰撞。

● 初学者应在有经验的人指导下进行练习。

总之,无论参与哪种户外运动项目,安全始终是最重要的。遵循专业指导和安全规定,穿着合适的装备,保持警觉和冷静,避免冒险和超出自己能力范围的行为,同时享受运动带来的乐趣和挑战。

8. 集体项目

集体运动不仅强调团队合作和战略思考,而且能培养社交技能,是提高情商和逆商最简单易行的手段。

青少年在集体运动中既能够发现和展示自己的能力,也能够有效地培养自己的秩序感和与他人相处的能力。集体运动项目需要团队内部分工合作,互相配合,一起面对失败,一起庆祝成功;而面对对手,如何拼搏争先,在肢体对抗中如何控制情绪,化解冲突……这些都是社交技能的实战演练。

青少年通常参与的集体运动项目有足球、篮球和排球等。

足球运动被誉为"世界第一运动",也是一项受大多数男生欢迎的团队运动。两支队伍争夺进球,目标是将球踢进对方球门。规则包括不手球、避免犯规和尊重裁判等。足球运动可以锻炼青少年的耐力、肺活量,有效增强身体的爆发力、弹跳力和柔韧性。

篮球运动需要球员在球场上来回奔跑,涵盖了运球、投篮和防守等技能,目标是将篮球投进对方篮筐。规则包括不触犯对方球员和不踩线等。篮球运动可以锻炼青少年的速度、敏捷性、协调性和耐力。

排球运动是一种隔网对抗性的集体项目,和篮球、足球并称为"三大球"。排球运动的目标是让球在对方场地落地,需要高度的协调和技巧,球员们需要在空中击球、传球、扣球和防守。

要参与这些集体运动,可以采取以下步骤:加入学校的运动队或附近的俱乐部;准备运动装备,如球鞋、球、球衣等;学习规则并参加训练,以提高技能水平;遵守竞技精神,尊重队友和对手。

三 适宜青少年的健身项目

集体运动就是具有这样的魅力——之前互不相识的两个人能通过一场比赛成为最好的朋友。集体运动让人与人之间有更多的交流,使人的生活圈子变得更大,沟通能力变得更强,自然会更善于处理人与人之间的关系。希望青少年多多参加集体运动,提升软实力,终生受益。

9. 个人项目

集体运动能建立队友之间的友谊和团体共鸣,单人运动则需要有强大的心理承受力,需要设定个人目标,管理压力,建立自信并培养专注力。这些障碍一旦被克服,青少年会受益匪浅。单人运动有竞技类项目(网球、乒乓球或羽毛球等)和非竞技类项目(武术、跳绳、瑜伽等)。

竞技类运动的互动和竞争可以激发青少年的斗志和热情。青少年可以设定并追求自己的目标,这可以是简单地设定小的、可实现的目标;也可以是更远大的目标。单人运动的成败都由个人独自承担。当你面对并克服个人遇到的挫折时,你也在加强应对能力,从而培养自尊和自信。

武术是中国传统文化的

重要组成部分,它不仅是一种体育运动,而且是一种集健身、防身、修身、养性于一体的文化形式。青少年学习武术可以锻炼身体的协调性、柔韧性、力量和速度,提高身体素质。同时,武术中的动作要求精确、有力,可以培养青少年的耐心和毅力。武术的招式和动作背后往往蕴含着深厚的文化内涵和哲学思想,青少年通过学习武术,可以了解并传承中国传统文化,培养自己的文化底蕴。在学习武术的过程中,青少年需要反复练习和揣摩动作要领,有助于培养专注力和自我控制能力。

跳绳是一项简单易行的有氧运动,可以锻炼青少年的心肺功能和耐力。通过跳绳,青少年可以提高自己的协调性和灵敏性。跳绳运动中的单脚跳、双脚跳、交叉跳等动作可以锻炼青少年的平衡能力和腿部肌肉力量。同时,跳绳还可以帮助青少年消耗多余脂肪,达到减肥的效果。此外,跳绳还可以作为热身运动或放松运动。

瑜伽是青少年缓解压力、放松身心的好方式。它结合了体位法、呼吸控制和正念冥想,通过不同的体位法和伸展动作,增加关节灵活性和肌肉柔韧性;学习呼吸控制技巧,有助于减轻压力、提高注意力和稳定

三 适宜青少年的健身项目

情绪;通过冥想练习,帮助缓解焦虑、减轻压力和提高情感健康。通过定期的瑜伽练习,青少年可以获得身体健康、心理平衡和情感稳定的好处。

四 青少年健身的安全防护

1. 健身的潜在风险

健身的风险主要指日常健身过程中出现的各类运动风险,包括运动损伤风险和自身健康风险。

(1)运动损伤风险

从事任何运动都存在损伤的风险,难度较大的运动,其危险系数也会较大。比如不当使用器械可能造成肌肉拉伤,举哑铃不当可能会砸到身体。还有一些极限运动,更要谨慎选择。

(2)自身健康风险

如心脏问题、低血糖等。自身健康风险与运动者正常生理活动密切相关,如果运动强度或方式不当,就会诱发自身疾病,给身体健康带来严重危害,甚至导致猝死等严重后果。研究人员发现:如果平时缺乏运动,突然面临剧烈运动应激时,心脏病发作的危险性会增大6～100倍,肌肉拉伤的概率也大大增加,运动量越大,风险发生概率越高。

2. 运动意外的规避

（1）强化安全运动意识

在锻炼时应有安全意识，要认识到运动具有一定风险，主动采取相应的预防措施。运动时要佩戴护具，穿合适的服装。如果自己之前已经有伤病，就一定要完全恢复后再进行锻炼。每一名运动爱好者都要有体育道德精神，要做到尊重比赛规则，尊重每一名对手，在进行对抗性运动时不要有小动作、危险动作，无论自己是处于进攻位置还是防守位置，在保护自己的同时也不要伤害对手，不能有粗野的动作和行为。

（2）选择安全运动场所

选择合适的运动场所可以有效避免硬件设施引发的损伤。如太滑的木地板容易使人摔倒，有裂缝的塑胶场地容易使人扭伤脚踝。很多体育运动场所是对外免费开放的，可能无人监管，常年风吹日晒导致地面开裂不平整，器械安放得不牢固或者缺乏必要的防护用具，这些都是运动时潜在的威胁。在夜晚或者光照不足的环境中运动时，场地的能见度低，会影响视觉，使得神经系统兴奋性下降，导致行动变得迟缓而容易受伤。

青少年要尽量选择地面平坦、器械安装牢固的场地，在光线充足的情况下活动，如有必要可在家长带领下进行运动。要认真地做好场地、器材和个人防护用具（如护腿板）的管理和卫生安全检查，已损坏的场地设备要及时报告维修人员，避免伤害事故的发生。

（3）掌握自我保护方法

每一个参加体育运动的人都应掌握自我保护的方法，如：身体重心失去平衡时，应立即向前或向后跨出一大步，维持身体的平衡；当身体快要跌倒时，要立即低头、屈肘、团身、含胸，以肩背部着地顺势做滚翻动作，而不可以直臂撑地；从高处跳下时，要先用前脚掌落地并同时屈膝，以增强缓冲作用等。

3. 运动损伤的预防

（1）强调准备与放松活动

人体从静止状态到运动状态有一个过渡时期，而准备活动就是这个过渡时期。人们通过准备活动来提高自己中枢神经的兴奋性，同时慢慢增强自己身体各器官的代谢水平，避免了从静止状态下突然开始高强度运动。不管做什么运动，准备活动是必不可少的，它保证人们在接下来的锻炼中获得更好的体验。很多资料表明，运动前缺乏科学的准备活动或者准备活动不充分是发生运动损伤的首位原因。而在运动结束后，肌肉仍处于紧张状态，此时一定要进行放松。这样不仅能加快消除疲劳，而且能在很大程度上避免运动损伤。

青少年可以通过以下方法进行热身：进行轻松的有氧活动，如跑步、快步走、跳绳或骑自行车，持续5～10分钟，以提高心率，加快血液循环；进行关节活动，如手臂和腿部的旋转、颈部的缓慢转动，以增加关节的灵活性；进行轻柔的肌肉伸展，包括大腿、腰部、肩部和手臂，每个部位保持 15 ~ 30 秒。

青少年可以采取以下方法进行放松：进行静态伸展，每组动作持续 15 ~ 30 秒，有助于舒缓紧张的肌肉；找一个安静的地方，闭上眼睛，进行深呼吸，慢慢吸气，然后缓慢呼气，集中注意力在呼吸上。

(2) 合理控制运动量，防止运动量过大

青少年在参与普适性运动项目时，合理控制运动量非常重要，以避免过度训练和受伤。初始阶段，运动量应较小，并逐渐增加，不要一开始就过于激烈地训练。给身体足够的时间来恢复，不要连续进行高强度的训练。每周安排休息日是明智之举。密切关注身体的反应，如疲劳、不适或疼痛。如果感到不适，及时减小运动强度或休息。不要将所有运动项目挤在一天内，要合理分配运动时间，避免疲劳。不要一味进行某一项体育锻炼，多样性有助于减少单一部位的过度使用。保持均衡的饮食，确保获得足够的营养来支持身体的运动需求。最好在专业教练的指导下进行运动，他们可以根据个体差异和目标来制订适合个体需求的运动计划。青少年在锻炼过程中要关注身体信号，并时刻注意安全。

(3) 掌握正确的技术动作

运动中技术动作不规范、不符合人体生理特点，是造成运动损伤的

一个重要原因。技术动作合理、准确,人运动起来不但省劲、舒服,而且不易受伤。相反,技术动作不合理、笨拙,人运动起来不但费力、别扭,而且极易受伤。

例如跑步时的不规范动作。①脚跟先着地:这种着地方式会导致冲击力直接作用于膝关节和髋关节,长期如此可能导致这些关节损伤。②身体过度前倾或后仰:这两种姿势都会增加背部和腿部的压力,可能导致背部疼痛或腿部肌肉拉伤。

再例如篮球投篮时的不规范动作。①手腕用力过猛:可能导致手腕受伤,如扭伤或拉伤。②身体姿势不稳定:在投篮时身体晃动或扭曲,可能导致身体失去平衡,从而摔倒或扭伤。

(4)加强力量素质的训练

力量素质是一切运动的基础。力量素质好,特别是小肌肉群力量好,能有效预防损伤;相反,肌肉力量差、伸展性不好是致伤的一大原因。对于运动时易出现损伤、力量相对较弱的身体部位,应注意提高其功能和承受运动负荷的能力,特别是注意改善其肌肉力量和肌肉的伸展性,这是预防损伤的一种积极手段。

在运动过程中,肌肉、关节、骨骼最容易受到冲击。人们在运动中大多数的损伤集中在脚部、膝部、腰部等部位,多以关节扭伤、肌肉拉伤为主,所以要加强对比较容易受伤部位的锻炼,适度缓慢地加强易伤部位或相对较弱部位的训练,提高它们的功能。如:为防治膝关节扭伤,可采用静止半蹲的方法来增强股四头肌的功能;为防治腰肌劳损,除加强腰背肌的训练以外,还应加强腹肌的力量训练,有利于防止脊柱过伸而造成腰部损伤等。

(5)运动时保持良好的身体状态

当身体疲劳时,身体各部位运动功能下降,易出现反应迟钝、动作不协调、运动能力下降等反应。此时如仍然勉强参加运动,身体极易出现损伤,为此在进行运动前和运动过程中应随时注意观察身体各部位肌肉的反应,有肌肉发硬、酸痛或有"不愿意运动"的感觉时,不要再勉强进行运动。

4. 运动损伤的及时处理

青少年发生运动损伤后不能随意行动,要立即联系家长或老师,寻求医疗救援。在等待医疗救援的过程中,可以对伤处做简单、科学的处理,以减轻痛苦,为后续治疗做好准备。青少年运动损伤后的处理方法:立即停止活动,让受伤部位充分休息,避免进一步损伤;用冰袋或冰包冰敷受伤部位,每次持续15~20分钟,可减轻疼痛和肿胀;使用绷带或弹性绷带轻轻包扎受伤部位,以减少肿胀;将受伤部位抬高,有助于减轻肿胀。

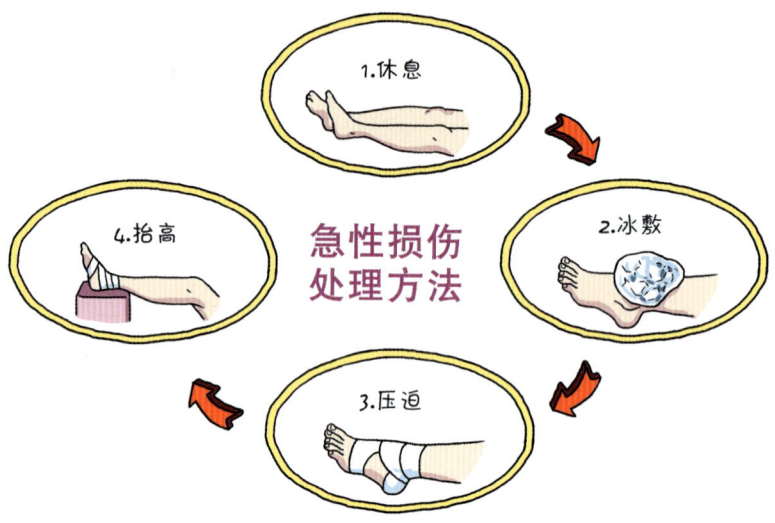

5. 运动损伤的康复

运动损伤后的康复训练非常重要,不仅决定了伤势恢复的速度,而且为日后彻底的痊愈奠定了基础。那么,运动损伤以后应该怎么进行康复训练呢?

针对运动损伤的康复训练,一定要避免大幅度的弯曲动作,做好训练热身准备,穿着合适的衣物,尽量选择在安全且卫生的环境中进行运动,避免发生二次损伤。训练时主要针对那些容易受伤的部位或相对薄弱的部位进行锻炼。

(1)静态伸展肌肉

运动损伤恢复期可以多进行静态运动。膝盖韧带受损时,应该用这种方式进行训练:背靠墙,膝盖半弯曲,帮助收缩腿部肌肉,控制收缩臀大肌，以静态方式进行运动，这样可以更好地伸展胯部。也可以用这种方式训练股四头肌，放松腿部肌肉。青少年腰部拉伤后，可以按照以下方法进行恢复锻炼：坐在椅子上，将腰部和上半身慢慢向一侧倾斜，然后保持15～30秒，重复另一侧；坐在椅子上，扭转上半身，用手臂轻推椅子扶手，保持15～30秒，重复另一侧；仰卧，将膝盖向胸部拉近，然后抱住双膝，保持15～30秒；仰卧，抬起一条腿并伸直，双手握住被伸展的腿，保持15～30秒，然后重复另一条腿。

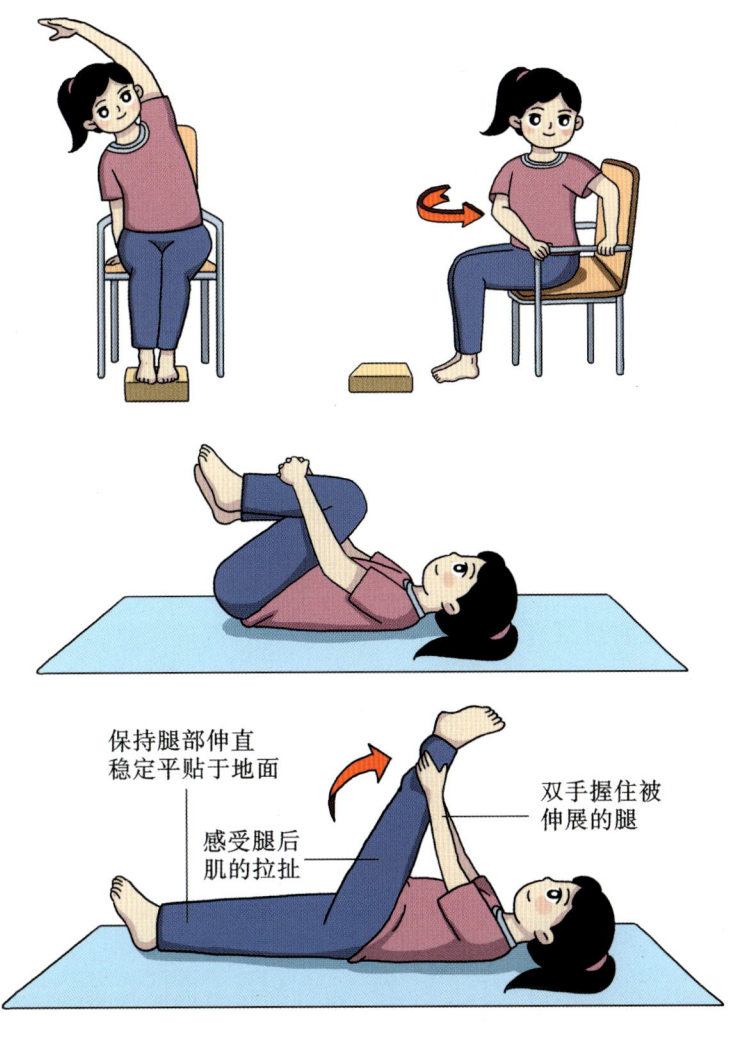

（2）组织拉伸运动

如果运动损伤是因为外伤、过度劳累等所造成的，那么不仅容易引起一系列的炎症，而且会导致身体后期组织的退化。炎症是让身体疼痛的重要原因，所以要注意运动和组织修复。训练中应重视肌肉拉伸运动，才能够避免肌肉组织被破坏，也可以慢慢恢复体力。青少年脚踝扭伤后的康复运动需要谨慎拉伸组织，以帮助增加关节稳定性和减少肌肉紧张。可以在康复师或医生的指导下，进行手动拉伸，以逐渐增加受伤脚踝的活动范围。以下是一些具体方法：坐下或仰卧，轻轻旋转受伤脚踝，进行脚踝环绕运动，每个方向重复10~15次；坐下或仰卧，将受伤脚踝抬高，用手轻轻拉伸脚踝，保持15~30秒；用小球（如网球）在受伤脚踝下轻轻滚动，以放松肌肉；用大脚趾在空中写字母，以增强脚踝的灵活性和控制能力。

（3）抗阻力运动

一般在运动中我们的肩部很容易受损，而肩部附近的肌肉主要负责肩膀的转动，同时有助于我们在各类运动中保持平衡。运动损伤后的恢复中，必须注意肩部的训练。巩固加强肩部的训练，通过抗阻力运动，能够逐步增强肩部肌肉的力量。开始时使用轻型抗阻力带或小重物，进行简单的肩部强化练习，如侧平举、前平举和颈后飞鸟动作。然后进行稳定性训练，包括平衡板上的平衡动作和使用稳定球的平衡性动作，以提高肩关节的稳定性。随着康复进展，逐渐增加抗阻力的强度和重量，但要确保不做超过医生或康复师建议的运动。关注正确的姿势和动作技巧，避免肩部负担过重。康复训练应循序渐进地进行，不要急于恢复,以确保肩部完全康复。在康复期间,医生或康复师应定期对伤员进行评估,及时调整训练计划。

总而言之,在针对运动损伤的恢复训练过程中,青少年应该加强容易受伤部位的锻炼,提高这些部位的功能,预防加训练,平时的生活里也要注意避免身体各部位的微细性损伤,因为长时间的累积会导致慢性劳损。也应该加强自我保护意识,及时了解自己的身体状态,调整好心理状态,有目的、有计划地进行康复训练。

6. 运动中的危险信号

除了要预防运动损伤外,在运动过程中青少年还应该注意一些自身健康的危险信号,以最大限度避免受伤。下面就让我们来看看健身运动中的六大危险信号吧!

(1) 气喘

气喘在运动中是一种正常现象。运动强度增大,气喘的程度也会加重,但经休息后可恢复正常。如轻微活动就喘,且休息很长时间还不能恢复,这就属于异常现象,应及时去医院检查。

(2) 口渴

运动后感到口渴属于正常现象,大量饮水后排尿较多也是正常身体反应。但如喝水多仍口渴不止,在流汗不止的情况下,小便次数仍然很多,就属于异常现象。如出现上述症状,应及时去医院检查。

（3）疲乏

健身活动后感觉疲乏是正常现象，一般在活动后休息15分钟应有所恢复。如果持续数日不能恢复，应减少运动量。如果减轻运动量后仍持久疲乏，应及时去医院检查。

（4）疼痛

刚开始运动、长久停止运动后又恢复运动以及变换运动形式，都会出现某些部位肌肉酸痛。肌肉酸痛一般不会引起功能障碍，若疼痛发生在关节处或关节附近，并有关节功能障碍，就不正常了。应停止活动，检查关节有无损伤。

（5）头晕

锻炼时出现不正常的头晕症状，应警惕心脑血管疾病。在健身活动中，除了进行某些旋转动作外，做其他动作时都不应出现头晕。若出现持久的头晕，就不要继续勉强活动，应及时去医院检查。

（6）头痛

头痛主要与神经、脑血管等方面出现的问题有关，部分脑出血患者发病前期就表现为无征兆的头痛。青少年锻炼时头痛可能是身体出现问题的信号，这些问题可能包括：

- 脱水，缺乏足够的水分可能导致头痛；
- 紧张和压力，情绪紧张或过度用力可能引起头痛；
- 过度锻炼，锻炼强度过大或频率过高可能导致运动性头痛；
- 不适当、不正确的呼吸技巧可能增加头痛风险；

●其他潜在问题，某些健康问题，如偏头痛或眼睛问题，也可能导致锻炼时头痛。

如果头痛频繁发生，最好咨询医生以确定原因，并采取适当的措施来缓解症状。

7.自我身体监测

我们平时要加强保健知识的学习，增强自我保健意识，定期进行检查和复查，了解自己身体发生的变化。做好自我身体监测，身体若有不良反应，应及时分析原因，必要时请医生做医学检查。

自我身体监测是指在体育锻炼过程中，按照体育运动项目的特点，根据机体在锻炼过程中的自我感觉和某些外部表现等反应来观察和检查自己的健康状况，及时地调整锻炼计划，合理安排运动量，使自己始终处在一种有益健康的状态中，有效地预防过度疲劳和运动创伤，保证锻炼效果。

（1）自我身体监测的内容

自我身体监测的内容包括主观感觉和客观检查。主观感觉是指一般感觉、睡眠、食欲、运动情绪等。客观检查是指脉搏、体重、肺活量、握力、背力、出汗等。正常的主观感觉是精神饱满、愉快，锻炼积极性高，锻炼后稍有疲劳和肌肉酸累感，休息后很快恢复。锻炼后持续感到精神不振、无力、困乏、头晕、容易激动、局部关节肌肉酸软麻木，甚至疼痛、气喘、腹胀、腹痛等，都是异常现象。

（2）自我身体监测的方法

首先要分析自己的身体状况，并进行体能的测试，根据自己的健康状况，选择锻炼内容，确定锻炼时间和负荷，制订锻炼计划，并将执行的结果进行阶段性自我评价，及时调整锻炼计划和运动负荷。

适宜的负荷是指根据个人身体条件和锻炼目标，科学合理地安排运动强度、持续时间和频率。适宜的负荷能使身体产生适度的疲劳，进而激发超量恢复机制，长期坚持可使身体功能不断增强。锻炼效果的好坏很大程度上取决于运动刺激的强度，太弱的刺激不能引起机体功能的变化，过强的刺激不仅不能增强体质，反而会损害健康。负荷是否适宜，因人因时而异，即使同一个人，在不同的功能状态下，人体对负荷量的承受也不尽相同。当身体状态不佳、情绪不好时，人体的各种功能下降，体育锻炼的负荷量就要调整；当学习和工作紧张，脑力劳动频繁，体力消耗较大时，也要相应调整体育锻炼的负荷量。总之，要从主、客观的实际情况出发，安排适当的负荷量。

 小贴士

> 负荷量可采用测量脉搏的方法来估计。当运动结束后立即测量10秒的脉搏数，一般认为控制在120～140次/分是比较适当的负荷量。

四 青少年健身的安全防护

强度一般是指身体运动时费力的程度。通过感觉运动费力的程度,对照相应的心率,进行最佳、最安全的综合评定,以此来提高自我调控和自我监督,即自我感觉不心慌,稍费力,强度控制在中等水平即可。

青少年进行运动时的负荷和强度应该根据年龄、体能水平和运动目标而有所不同。下表是一般性的参考建议,但请注意这只是一般指导,个体差异仍然很大。运动计划应根据个体的特定需求和目标定制,并在专业指导下进行,以确保健康和安全。不同类型的运动(如有氧运动、力量训练、柔韧性训练)可以结合起来,以满足青少年的全面健康需求。

青少年运动负荷和强度建议

年龄段	运动负荷和强度建议
10～13 岁	强度逐渐增加,包括有氧运动和力量训练。每天至少 60 分钟的运动,包括体能训练
14～18 岁	强度进一步增加,包括有氧运动、力量训练和柔韧性训练。每天至少 60 分钟的运动,包括全身锻炼
注意事项:遵循个体差异,不应过度训练。休息和恢复时间至关重要。在运动前进行适当的热身,运动后进行放松	

总之,正确而合理的体育锻炼才能达到预期的效果。只有真正懂得自我身体监测,并按其要求进行锻炼,才能确保体育运动真正达到促进生长发育、增强体质、增进健康的目的。

8. 运动性疾病的预防和处理

进行体育锻炼时,我们常常会有一些不适应和不舒服的感觉,有些感觉是暂时的,只要自己适当处理就可以缓解和恢复正常。但有异常感觉出现时就要立即停止运动,采用一定的处理方法防止异常感觉加重。因此，要根据出现的各种感觉来判断和选择处理方法，确保在健康的状态下进行锻炼。

（1）晕厥

晕厥是由于脑部血液突然供给不足而发生的一时知觉丧失的现象。长时间站立，下蹲过久骤然起立，疾跑后立即站立不动，过分激动或带病参加锻炼都可能引起晕厥。晕倒

前，人会面色发白，同时感到全身软弱、头晕、耳鸣、眼前发黑。晕倒后手足发凉。运动中有人晕倒时，我们应立即向医务人员求救，拨打急救电话。在等待救援时，可进行简单处理：使晕厥者平卧，足部抬高，头部放低，松解衣扣（注意保暖）。如不苏醒，可用手指掐人中、百会、涌泉、合谷等穴位，或让晕厥者闻嗅具有一定刺激气味的东西。知觉未恢复前，不能喝任何饮料或服药，苏醒后可喝些热茶或热糖水，并注意保暖。在运动中要尽可能避免上述引起晕厥的各种因素。如不能避免，应在有晕厥症状出现时，立即蹲下或平卧，这样有可能减轻或避免晕厥的发生。

（2）肌肉痉挛

肌肉痉挛（俗称抽筋），是指运动时准备活动不充分，或大量出汗导致体内氯化钠含量过低，或肌肉过快连续收缩而放松时间太短，或运动

四 青少年健身的安全防护

中身体过度疲劳等引起肌肉不自主的强直收缩。运动中最易发生痉挛的肌肉是小腿腓肠肌,其次是足底肌。在肌肉痉挛时,应拉长痉挛的肌肉,配合局部按摩和保暖。

在运动中避免肌肉痉挛的具体方法:冬季准备活动要充分,注意保暖;夏季长时间运动时要注意补充水分和盐分;游泳下水前先用冷水淋湿全身,水温低或气温低时缩短游泳时间,尤其不能在水中停止活动;疲劳和饥饿时,也不宜进行剧烈运动。

(3)中暑

中暑是天气闷热,身体疲劳、缺水或在热环境中长时间活动引起的一种急性病。表现为头昏头痛、全身无力、烦躁心慌、恶心呕吐、口渴舌干、无汗,严重者昏迷不醒、面色苍白、出冷汗、体温低。在出现中暑症状时应立即处理:轻度中暑时,应迅速离开热环境,到阴凉处休息,喝些凉开水,很快就会恢复;中度中暑时,应把中暑者移到阴凉通风的地方,安静仰卧,头部垫高,额部冷敷,用温水擦身,饮凉开水、冷茶、淡盐水等;较重者特别是有昏迷的,要及时进行急救,用手指掐人中、百会、涌泉、合谷等穴位,同时还应迅速请医生处理。

青少年在运动中要避免中暑,在环境温度不高和通风的地方锻炼并随时补充水分,控制运动强度和时间,保证锻炼效果。

（4）运动中腹痛

运动中腹痛是运动时胃肠痉挛、肝脾淤血（准备活动不充分和呼吸节律紊乱）、腹直肌痉挛等引起的腹痛，在中长跑和饭后立即运动时出现较多。在运动中发生腹痛时，一般只要降低速度，加深呼吸，按住疼痛部位，疼痛即可减轻，直至消失。如疼痛不减轻，甚至加重，就应停止运动，做局部按摩，求助医生。

避免运动中腹痛的方法：合理安排膳食，饭后 1 小时方可进行运动；充分做好准备活动，运动量逐渐增加，运动时注意呼吸节律。

五 青少年健身误区

1. 健身能够立即见效果

一些青少年对待运动的态度急功近利,平时不重视体育锻炼与活动,临近考试的时候开始着急,去报体育培训班临时恶补;或者是只运动了两三天,就期望立即能获得好的身体和成绩。

体育锻炼不是立即能够见效果的事情。急功近利不但会降低青少年对体育锻炼的兴趣,使青少年无法享受运动的乐趣,而且容易出现一些伤害事故。任何一项运动技能和身体素质的提高都需要长期的积累和反复多次的练习。人的速度、力量、耐力、柔韧性和灵敏性等素质的提高不是短时间内能够解决的,而是需要长期的坚持练习。中小学阶段正是青少年身体发育的重要时期，也是青少年掌握运动技能的敏感期和机遇期。坚持长期运动对青少年的身体和心理健康都有积极影响。青少年要设定可行的运动目标，如每周锻炼几次或提高某项技能；尝试不同的运动项目，保持多样性，以保持兴趣和激情；多参加团队运动或与朋友一起锻炼，增加社交互动，使运动更有乐趣，还可以和家庭成员共同建立锻炼的习惯，学会自我监督，追踪运动进展，必要情况下及时调整锻炼计划；正确地恢复和休息，以预防过度训练和受伤。

2. 健身会耽误学习

许多青少年担心加强体育锻炼会影响学习，认为任何与读书无关的事情都是在浪费时间，上体育课不如上文化课，能坐着读绝对不站着练。经常抱着书本久坐不动，会导致自己身体的运动能力低下，力量、耐力、速度、柔韧性和灵敏性这些基本体能素质远远落后于同龄人，同时经常伴有注意力高度集中的时间短、记忆力较差、容易疲劳、免疫力低下、伤病恢复慢等现象。还有一些人认为自己没有运动天赋，学习运动技能会花费很多时间。从人的全面发展的教育观出发，上述观点和认识都是不全面的。适度的、科学的体育锻炼不但不会耽误学习，而且能提高学习效率。

第一，要明确一个问题，适度、科学的健身不会耽误学习。大多数人不是要成为职业运动员，所以我们用在健身上的体力、精力是非常有限的。健身的目的是维持健康，而非竞技，所以并不会影响青少年的学习。

第二，健身能促进学习。人的大脑的指挥系统是有分工的。运动时，负责学习的这部分大脑能够得到休息；学习时，指挥运动的大脑在休息。轮换休息就提高了脑力恢复的效果,能够帮助大脑消除疲劳,这样,对提高学习效率有很大的帮助。

第三,健身还能促进大脑的发育。首先,运动能直接促进脑细胞建立更多的神经联系。同时,运动以后我们会摄入更多的营养,给大脑足够的营养补充,提高大脑的功能,更有利于学习。运动时人体会产生多巴胺、血清素和去甲肾上腺素,这三种物质都和人的感受、学习有关。足够的体育锻炼对于改善情绪也有很大的帮助,爱好健身的青少年大部分充满活力。

国外也有相关研究:芝加哥有一所中学实施"零时体育计划"项目,即在没正式上课之前,让学生早七点到校,跑步、做运动,要运动到学生的心跳达到较高值或较大摄氧量的70%,才开始上课。一开始家长都反对,孩子本来就不愿早起上学,再去操场跑几圈,岂不一进教室就打瞌睡?结果正好相反,学生反而更清醒了,上课的气氛好了,记忆力、专注力都增强了。

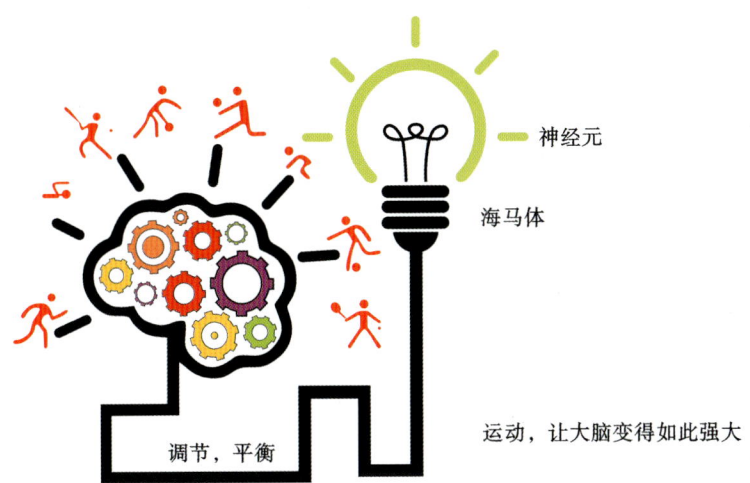

运动,让大脑变得如此强大

3. 健身多多益善

　　一些爱健身的人会认为"只有挥汗如雨,才能实现目标",既然来运动,运动时间和运动强度就都多多益善,而且最好一日一练甚至一日多练,练得少了就是偷奸耍滑、不思进取,是懒惰和软弱的表现。其实在很多时候,挥汗如雨反而容易过犹不及。俗话说"磨刀不误砍柴工",有时候"慢就是快",心越急,越是吃不了热豆腐。

　　青少年一定要根据个人当前的身体条件和发育水平,充分考虑性别、年龄、身高、体重、体脂、骨骼、肌肉、心肺功能、激素水平,以及情绪和心态等因素,循序渐进地进行适度、适量的运动锻炼和体能训练。绝不能靠一味地增加训练时间和运动强度,或者盲目地增加训练频率,来提高运动能力。另外,每次运动开始之前,一定要做好热身活动,避免伤病。每次运动结束之后,一定要有充分的营养补充和足够的休养恢复。在培养十分的运动能力的过程中,如果其中的三分来自科学的训练,那么剩下的七分都来自科学的营养和休养。

4. 运动场上要决一雌雄

　　许多人认为运动是人生通往成功的一条道路,运动场上就是要决一雌雄;现今竞技体育的竞争性质似乎也在告诉我们,唯一重要的事情就是胜利和做到最好。除了胜利外,运动给我们带来的其他好处,如体育精神、团队合作等,都被抛诸脑后。那么,失败真的是不可接受的吗?不是每个人都能赢或是"最好的",输掉比赛或者没有拿到冠军的人该怎么办?

　　青少年对运动的基本思维要正确,体育运动本身的意义就是强身健体,愉悦身心,如果过度竞争非要决一雌雄就失去了我们倾向获得的健康。健身有很多积极的方面,它是青少年在发展道路上重要的组成部分。学校体育并不要求让每个人都挑战世界纪录,成为体育明星或职业运动员。让学生学会一两项运动技能,进而增强体质、锤炼意志、享受健身的乐趣,养成终身运动的习惯,才是体育课的真正意义所在。青少年需要将体育与日常生活融合形成终身体育观念,把在体育课中锻炼身体、学会运动技能、培养体育精神和合作能力作为人生教育的重要组成部分。

5. 模仿体育明星训练

　　当前青少年对明星的崇拜愈加热烈,对于体育明星的模仿也逐步

增多。一些青少年希望通过运动达到明星的水平,却陷入了越运动越受伤的误区。不要盲目模仿明星的高难度运动,选择适合自己的运动非常必要,对于处于生长发育期的青少年而言,可以适当进行摸高、爬杆、爬绳梯、引体向上、交叉伸展、跳绳、跳皮筋、踢毽子等运动,促进骨骼发育。

还有一些青少年比照体育明星训练的模式,重视专项训练,加大训练强度,重视运动专项的成绩,但往往会受到一定的伤害。其实青少年更应该重视的是自己对健身兴趣的培养,对科学健身模式的掌握,对不良身体结构的调整矫正。过度的专项训练会拔苗助长,反而导致青少年对健身失去兴趣。不同年龄青少年的训练应该是阶梯式的,11 岁青少年的训练肯定和 15 岁的不一样,只有科学地健身,才能提升体质、避免运动损伤、促进生长发育,并且达到运动健身的目的。

6. 健身需要各种补剂

近年来对于"完美身材"的崇拜使得运动补剂的使用在健身爱好者中成为普遍现象。部分青少年群体也逐步偏离以健康为主的健身,变得依赖运动补剂。青少年日常健身不需要使用运动补剂,均衡的饮食已经能够满足身体的营养需求。如果需要高强度训练或有特殊健康需求,教练或医生可能会考虑给青少年使用一些运动补剂。以下介绍一些青少年可能接触的常见运动补剂。

（1）多种维生素和矿物质

如果青少年的饮食不够均衡，例如摄入新鲜蔬菜较少，应考虑多种维生素和矿物质补剂，以确保获取足够的关键营养素。当然最好还是通过调整饮食来实现营养均衡。

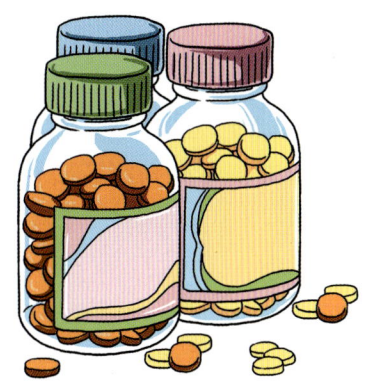

（2）蛋白质

对于高水平的运动员或需要额外蛋白质支持的青少年，蛋白质补剂可能有帮助，但大多数人可以通过正常饮食获得足够的蛋白质。

（3）肌酸

肌酸补剂有助于增加肌肉质量和力量，但青少年应在医疗专业人员的监督下使用。

（4）咖啡因

一些青少年可能会尝试用咖啡因补剂来提高注意力和运动表现，但要小心使用，避免副作用。

（5）运动饮料

运动饮料通常包含电解质和碳水化合物，可用于高强度运动后补充体液和能量。但要注意，这些饮料通常含有较高的热量，不宜过多饮用。

(6)抗氧化剂

抗氧化剂(如维生素 C 和维生素 E)可能有助于减少运动后的氧化应激,但并非所有人都需要补充。

(7)铁

对于患有贫血或铁缺乏症的青少年,医生可能会建议补充铁剂。

需要强调的是,任何运动补剂都应该在医生或营养师的建议下服用。滥用运动补剂可能对健康产生不良影响。青少年应该注重均衡的饮食,确保通过正常饮食获得足够的营养,而不是依赖补剂。如果有任何疑虑或特殊需求,建议咨询医疗专业人员以获取个性化的建议。青少年群体对补剂的了解不充分,盲目服用运动补剂可能会对身体造成巨大伤害。

健康,是健身的主要目的,是一切行为需要遵守的底线和原则。

参考文献

[1] 杨科.体育与健康生活理论及方法研究[M].北京:新华出版社,2017.

[2] 周骞.高校健身健美教程[M].北京:新华出版社,2018.

[3] 李森.国民体质与健康循证研究[M].南京:南京大学出版社,2018.

[4] 潘丽英.全民健身服务体系构建与运动方法研究[M].北京:新华出版社,2018.

[5] 乔玉成.进化·退化:人类体质的演变及其成因分析:体质人类学视角[J].体育科学,2011,31(6):87-97.

[6] 涂春景,江崇民,宋丽萍,等.我国城市居民体型变化研究:基于组群分析的视角[J].首都体育学院学报,2018,30(3):255-262.

[7] 唐善林."美的身体":张竞生美育思想及其文化探源[J].山东社会科学,2020(12):60-68.

[8] 王灿.让体育成就青少年的精彩人生[J].云南教育(视界综合版),2022(12):1.

[9] 马鹏飞.新时代体教融合背景下如何突破困境全面落实青少年健康发展理念[C]//广东省教师继续教育学会.广东省教师继续教育学会第六届教学研讨会论文集(二).2023:1213-1217.

[10] 董露露,陈亮,刘一平.不同运动方式对儿童青少年体质健康提升效果的差异[J].中国体育科技,2022,58(12):28-36.

[11] 张成龙.体能训练对青少年心理健康的促进作用及对策探讨[J].文体用品与科技,2022(21):100-102.

[12] 如何帮助你的孩子运动起来[J].新体育,2022(22):5-7.

[13] 苏利强.体力活动和血脂对成人肥胖相关慢性炎症的影响及运动联合节食对其干预研究[D].福州:福建师范大学,2021.

[14] 陈绍虎,朱玉峰.健康管理与康复:中医养生与立体康复理疗[M].北京:中国轻工业出版社,2020.

[15] 何雯雯.抗阻力训练结合有氧运动对健身人群减脂效果的影响研究[D].西宁:青海师范大学,2019.

[16] 田麦久.我国运动训练学理论体系的新发展[J].北京体育大学学报,2003,26(2):145-148.

[17] 王卫星,李海肖.竞技运动员的核心力量训练研究[J].北京体育大学学报,2007,30(8):1119-1121,1131.

[18] 孙南,熊西北,张英波.现代田径训练高级教程[M].北京:北京体育大学出版社,2011.

[19] 李红娟.体力活动与健康促进[M].北京:北京体育大学出版社,2012.

[20] 王建.小学体育教学中核心素养的实践研究[J].吉林省教育学院学报,2020,36(6):44-47.

[21] 谢云.三种划分标准下城市居民居家体育锻炼方式的抉择:基于突发公共卫生事件[J].北京体育大学学报,2020,43(3):92-97.

[22] 刘星亮,孟思进.运动干预对增强青少年体质与健康的效果

[J].武汉体育学院学报,2013,47(12):56-59.

[23]陈福亮,杨剑,季浏.成就目标定向与大学生体育锻炼参与的关系:友谊质量的调节作用[J].体育科研,2013,34(4):61-65.

[24]林金凤.武汉市居民体育消费特征及发展对策的研究[D].武汉:武汉体育学院,2017.

[25]张勇,罗林.运动风险分类体系的思考[J].体育成人教育学刊,2012,28(2):20-21.

[26]陆宇榕,王印,陈永浩.体育文化与健康教育探究[M].北京:新华出版社,2018.

[27]夏青.特色体育及阳光体育研究[M].北京:北京体育大学出版社,2012.

[28]李扬,方慧,王随芳,等.体医融合服务的政策网络耦合协同:需求、供给与环境分析[J].沈阳体育学院学报,2023,42(1):57-63.

[29]刘晓军.健身运动风险理论体系的构建[J].渭南师范学院学报,2012,27(10):94-98.

[30]张红露.汉语成语中的体育研究[D].苏州:苏州大学,2016.

[31]陈尚敏.大学生体能活动伤害发生的多维度影响因素研究[D].汕头:汕头大学,2022.

[32]杨栋.体育健康促进服务体系研究[M].北京:新华出版社,2015.

[33] MIYACHI R, TANAKA M, MORIKOSHI N, et al. Effects of dynamic lumbar motor control training on lumbar proprioception: A randomized controlled trial[J]. Journal of Bodywork and Movement Therapies,2022,30(Suppl C):132-139.

[34]翟芳.深化体育与健康课程改革之我见:季浏教授学术对话录[J].体育与科学,2018,39(2):27-32,40.

[35]邓若锋.身体练习体验的体育教学理论框架构建[J].体育学刊,2016,23(1):112-120.

[36]李椿.浅谈自我医务监督[J].江苏石油化工学院学报(哲学社会科学版),2001(4):86-88.

[37]王明清.体育锻炼中的伤病与防治[J].中国科技信息,2010(7):176-177.